Avvistamenti, pensieri e sentimenti
Collezione di poesie scelte 1972-2015
di Gillian Bickley
Selezionate
da Verner Bickley
Tradotto da Luisa Ternau
Modifiche alla traduzione di Angelo Rizzi
Proverse Hong Kong
2020

La Dottoressa Gillian Bickley (nata Workman) è nata e cresciuta nel Regno Unito. Ha tenuto posizioni accademiche a tempo pieno di insegnamento di Lingua e Letteratura Inglese presso l'Università di Lagos (Nigeria), l'Università di Hong Kong, l'Università di Auckland (Nuova Zelanda) e la Hong Kong Baptist University. Dal 1970 vive e lavora a Hong Kong ad eccezione di tre anni passati a vivere ed a insegnare in Nuova Zelanda. Lei e suo marito, il Dottor Verner Bickley, MBE, sono co-fondatori della divisione editoriale di Proverse Hong Kong (Proversepublishing.com) e di due premi internazionali annuali per opere letterarie inedite (il Premio Proverse per narrativa inedita, saggistica o poesia (formato libro) e il Premio di Poesia Proverse (poesie singole). È specializzata nella scrittura di biografie, di storia educativa e sociale del XIX secolo a Hong Kong e di poesia. Come curatrice, ha redatto autobiografie, biografie, collezioni di racconti, romanzi e novelle, poesie, collezioni di poesie di singolo autore e antologie di poesie, e opere accademiche portandole alla pubblicazione.

La Dottoressa Gillian Bickley è la biografa del fondatore del Dipartimento dell' Istruzione del Governo di Hong Kong, il Dottor Frederick Stewart, e del primo vescovo di Victoria, il Dottor George Smith.

Le due cinque collezioni sono, *Per la cronaca* (2003), *Trasloco* (2005), *Avvistamenti* (2007), *la Cina Suite* (2009) e *Percezioni* (2012). Le prime due di queste collezioni sono state tradotte e pubblicate in cinese.

Nel 2016, una collezione bilingue inglese/rumena di poesie scelte da lei è stata lanciata in Romania, al 20° Festival Internazionale, "Curtea de Arges: Notti di Poesia". Allo stesso festival, nella sua 18a edizione, nel 2014 le e' stato conferito dalla giuria del festival "Il gran premio per le Arti Oriente-Occidente".

Singole poesie sono state tradotte in diverse lingue.

Le piace condividere la sua esperienza e le sue storie con gli altri e aiutare aspiranti scrittori a sviluppare il loro lavoro.

Avvistamenti, pensieri e sentimenti

Collezione di poesie scelte
1972-2015

di Gillian Bickley

Selezionate da Verner Bickley

Tradotta da Luisa Ternau

Modifiche alla traduzione di Angelo Rizzi

"La varietà della vita umana e la risposta individuale alla vita, questi sono gli interessi centrali di Gillian Bickley."
—Professore Emerito I.F. Clarke e M.Clarke.

Proverse Hong Kong

Avvistamenti, pensieri e sentimenti:
Collezione di poesie scelte 1972-2015
di Gillian Bickley
Tradotta da Luisa Ternau
Modifiche alla traduzione di Angelo Rizzi

1 ° edizione Italiana pubblicata in formato tascabile
a Hong Kong
da Proverse Hong Kong, maggio 2020.
ISBN: 978-988-8228-82-9

1 ° edizione bilingue pubblicata in formato tascabile
a Hong Kong da Proverse Hong Kong, agosto 2020.
Copyright © Gillian Bickley, agosto 2020.
ISBN-13:978-988-8492-01-5.

Distribuzione e altre richieste:
Proverse Hong Kong, P. O. Box 259,
Tung Chung Post Office, Tung Chung, Lantau Island, NT,
Hong Kong SAR, Cina.
E-mail: proverse@netvigator.com
Sito web: www.proversepublishing.com

La catalogazione della British Library nei dati di pubblicazione
Un elenco dei cataloghi è disponibile alla British Library

AVVISTAMENTI, PENSIERI E SENTIMENTI

COLLEZIONE DI POESIE SCELTE 1972-2015

DI GILLIAN BICKLEY

Traduzione in Italiano di Luisa Ternau

Modifiche alla traduzione di Angelo Rizzi

Sommario

Avvistamenti, pensieri e sentimenti

Per la cronaca[1]

*Scritta in occasione della presentazione di diapositive di
immagini della vecchia Hong Kong che si trovano nell'
archivio pubblico di Hong Kong, allora appena
inaugurato.*

Ci sediamo in una camera rabbuiata,
fissando il video luminoso, dove
appaiono le immagini della vecchia Hong Kong.

Uno strano silenzio prosciuga le scene:
Poche persone; poca vita che si muove.
Solo edifici, bassi, con colonnati; alberi enormi;
il Peack, ora verdeggiante e rigoglioso, allora spoglio come
un paesaggio lunare.

Si sta bene nella camera, è facile riconocere le cose,
accomodarsi,
e metttere in ordine i libri di storia
prima dell'arrivo di nuovi possessori.

La gente arrivò e andò via con le sue occupazioni,
incrociando le lenti di vecchie macchine fotografiche;
ma esse, attente a cose più permanenti,
la ignorarono, non registrando nulla.

E le telecamere cinesi,
muovendosi in termini di secoli, non di ore,
ce la faranno a notarci?

1972

Confrontando le note

Di recente in Inghilterra
mi sono deliziata ad ascoltare il canto degli uccelli.

Un merlo canta
incantevolmente
fuori
della casa dei miei genitori.
Un suono forte e pieno.
Non rovinato da nessun rumore d'ambiente o di grida
umane
o da traffico continuo.
Libero e coraggioso e contento.
Canta perché è la sua vita.
E se gioiscono coloro
nel cui muro adornato di gelsomini
è costruito il suo nido
lui può saperlo e forse no.

Vivendo a Hong Kong, avevo dimenticato
il canto degli uccelli
offerto liberamente
durante il corso della vita;
canzoni alla sera e al sole nascente,
canzoni alla primavera e alla splendida forsizia,
grida d'allarme all'arrivo dei gatti.

Mi sono abituata agli uccelli in gabbia
mantenuti in gabbia perché cantano così dolcemente

così che possano cantare e piacere al loro proprietario,
recargli prestigio e godimento
tra gli altri proprietari
di uccelli in gabbia,
che lui incontra quotidianamente in luoghi speciali
dove se ne possono confrontare le note.

Enormi somme vengono pagate
per comprarli,
gli si portano gabbie elaborate.
Fine porcellana contiene la loro acqua e il loro cibo.
Intere vie di negozi specializzati
provvedono ai loro bisogni.

Sono portati a passeggio,
le loro gabbie tenute
alte
nella mano del loro acquirente,
per simulare il volo.
Le loro gabbie
vengono appese
tra il fogliame di alberi fioriti.

Ed essi cantano pure,
bellissime canzoni.

Ma piuttosto sofisiticate.

Consapevoli, in qualche modo,
che le loro canzoni
sono il prezzo della vita.

Adattate
al gusto colto dell'uomo.
Sofisticate. Artefatte. Non libere.

I loro proprietari
non gli hanno risparmiato,
nelle loro uscite,

la vista di corpi
di uccellini spennati
che non cantano,
pronti per la pentola.

1982

Sopravvivenza

Grazie alberi per esserci, per stare in piedi
quando molti degli amici che conoscevate –
uccelli e farfalle – se ne sono andati;
anche per fiorire; per invecchiare
qui, dove edifici di calcestruzzo
vengono demoliti costantemente.

Come siete coraggiosi a sopravvivere
in un posto dove l'aria puzza
e il rumore è innaturale;
voi, che dovreste normalmente aspettarvi
di stabilire le radici
in ronzanti foreste umide,
vive di odori
di animali e di vita vegetale
(non la puzza di morte minerale, come qua).

È bello guardare giù nella strada
e, sorpresa, vederti là,
massiccio e verde e fresco, non compromesso
dai poster pubblicitari sulle tue radici;

una promessa

che, visto che c'è stato un passato,
ci potrà essere molto probabilmente anche un futuro.

1982

Dirittto e rovescio

Lavorare a maglia è ben visto tra le giovani ragazze
di un certo tipo.

Permette loro di anticipare il gusto
del loro destino
così urgentemente bramato
di creazione fisica;

e – nella loro mente –
aiuta
a portare avanti

una finale
chiusura.

1982

Pioggia

Anche il telone verde
della capanna abusiva degli squatter
appare più bello e più pulito per via della pioggia.

Ah, le nubi cumuliformi!
ondeggianti basse sopra i colli, sopra il mare.

Gli alberi si muovono elastici mostrando grande vitalità,
prorompendo in una dimensione straordinaria,
inzuppati dal lusso della
pioggia, molto attesa, e quasi dimenticata.

Tegole verdi cinesi brillano,
il cemento sembra sia stato strofinato.
L'aria è temporaneamente purificata;
per qualche ora, elargisce più vita
di quanto minacci.

Per puro caso,
verde è
anche il colore che indosso.

1982

Ricordi di scuola: ammirazione

Quando la mia maestra andò in pensione, fece un discorso
alla riunione delle alunne di una volta;
un discorso piuttosto lungo,
che ebbe preparato con molta cura.

Una delle cose che disse fu,
quanto piacere che noi ragazze le avevamo dato.

Non solo le ragazze intelligenti, disse,
sebbene ce ne fossero:
idealiste, ribelli, rivoluzionarie,
poetesse e menti razionali;

Ma piuttosto le ragazze belle dalle lunghe dita
e dal collo incurvato, che guardavano fuori dalla finestra
con mente vuota;
che lei esitava a rimproverare,
interrompendo la loro posa incantevole.

Io pensai che fosse meraviglioso
e le scrissi una lettera di ammirazione,

alla quale lei rispose con tatto
dicendo che, alle volte,
noi pensavamo meglio delle persone
di quanto meritassero.

Marzo 2000

Saggezza dal letto di morte I & II

I

Una delle cose che ho imparato
nella mia lunga vita
è,

Se devi ammalarti,
ammalati in estate,
quando le giornate sono lunghe
e le infinite notti
sono brevi.

II

"Non fare supposizioni,
Ho imparato anche quello",
dicesti,
sul tuo letto di morte.

Ma non ci suggeristi
quali supposizioni avevi fatto,
e che tu ora sapevi
essere false.

ottobre 2001

Fiore lunare

Snella come un
solo petalo
di crisantemo,

la luna nuova
giace sul suo dorso,

anticipando
la rotondità
che verrà.

17 aprile 2002

Petali di mandorlo

Guidando giu' per la strada
via da te …

Il mandorlo in fiore piange i suoi petali.

Ma i prugni bianchi ancora
sollevano esili braccia al cielo,
senza dubitare mai che i loro fiori tardivi
porteranno poi frutto.

Sabato, 29 marzo 2003

Passato presente

Ci manca il passato perché da lì veniamo:
persone e scene e luoghi, e modi di fare le cose:

signore anziane, masticando sdentate con le labbra al sole;
uomini anziani, che mangiano la loro colazione
fuori del Museo del Patrimonio Culturale,
di ogni Paese:
studenti universitari, che si tengono cari
gli amici di scuola, dai giorni delle elementari e delle
medie.

E a me, manca anche a me quel passato?

Non ancora, non ancora.

Abbraccio il presente,
abbracciando te.

Ma io so di sicuro,
che dal passato veniamo anche noi;
e verso di esso stiamo anche andando.

Marzo 2004

La fotografia

Tu stendi la mano verso di noi,
seduta sulla sedia a rotelle,
portando il cappello di paglia a tesa larga,
con il nastro largo,
elegante nel vestito estivo a due pezzi,
che indossasti per le tue nozze di rubino.

Incapace di fare una conversazione,
sia scritta che parlata
– colpita recentemente da questa inaspettata
afflizione e frustrazione –
il tuo sguardo è pieno di comunicazione.

Ma cos'è che dici, piacevolmente
allugandoti verso di noi, in questo modo?
"Eccomi qua! Ciao! Sono ancora qua!
E ti saluto prima di andarmene!"?

E dove mandi il tuo messaggio?
Semplicemnte attraverso lo spazio erboso,
fra te e il fotografo?
O fuori dal terriccio erboso,
fra le ceneri che sei ora
e la carne che sei ancora,

Fissando questa fotografia e tutto quello che tu significasti.

2 aprile 2004

Lo stunt man di Pasqua

Esci rompendo l'uovo,
dalla tua sospensione
di tre giorni
fra la vita e la morte;

quando il giogo del tuo mistero
si è adeguatamente nutrito
delle proteine della tua fiducia.

E ora tu bussi ai nostril cuori,
con una corona di spine in testa,
tenendo una lanterna, per l'eternità;

augurandoti che il Tuo padre terreno,
il carpentiere,
venisse
per fissare la maniglia alla porta
che ti lascierebbe entrare.

11 aprile 2004 (Domenica di Pasqua)

Pietre romane[2]

"H.F.C. Heres Faciendum Curavit"
("L'erede ordinò la sistemazione di questa lapide")

Chi avrebbe mai pensato che in questo posto piccolo,
poco elegante e affollato, fondato dalla
beneficenza di un lord e da fondi pubblici per la lotteria
nazionale
si potesse trovare una presenza romana così vivida?
Centurioni[3] e rispettive consorti dagli
anni prima di Cristo. La dea Minerva,
con la sua civetta e il suo scudo, elmetto e lancia.
Due schiavi gemelli, morti a dieci o dodici anni. E
le parole per noi toccanti (per i Romani, forse,
semplicemente una frase convenzionale):
"Allo spirito della deceduta, Giulia.
Visse sessant'anni. Il suo erede fece costruire questo".

I simboli del mare, che per loro
significava il viaggio che gli spiriti compievano
verso le Isole Beate – conchiglie, delfini ….
Le colombe che beccano i grappoli….
I volti sorridenti dei morti mentre seduti,
sollevano in una mano il loro ultimo, eterno bicchiere di
vino.

La dea madre, Cibele, con il suo compagno Attis,
e i loro riti misteriosi,
promettenti vita dopo la morte:
Un'offerta che pochi ragazzi romani accolsero. –
L'auto-castrazione
(che il culto presentava
come misura necessaria
per assicurarsi l'aldilà)
a molti non andava.

MarcoAurelio Nipote, centurione della Ventesima Legione.
La sua rispettosissima moglie fece costruire. Visse
cinquanta anni.”
L'incisione ci mostra Marco, e accanto a lui, sua moglie,
formata su scala minore,
che inspiegabilmente tiene sollevata la gonna abbastanza in
alto.
Che cosa intendeva dire?

Qualsiasi cosa la gente pensasse di quel gesto allora,
noi, gente di adesso, non possiamo fare altro che prenderne
visione,
che questa immodestia (come la vediamo noi ora)
probabilmente spiega perché la sua morte non sia del tutto
ricordata qui!

Per quanto riguarda Sesto Similio da Brescia, nel nord
Italia,
due leoni fiancheggiano il suo ritratto,
riportando una fine improvvisa e proprio inaspettata.

Questi resti di vite romane passate evocano così forti
emozioni,
con le loro strane, vecchie somiglianze a noi!

“Papà,” un piccolo visitatore dice brillantemente,
“Quando vedi questo, ti riporta indietro!”

Orgoglioso di suo figlio, il padre
cerca di elaborare qualcosa dalla sua chiara percezione.
Ma il ragazzino ha detto tutto.
Ti riporta indietro. . . .

Chester, Regno Unito, estate 2006

Parroco[4]

Ti abbiamo osservato per diciannove anni;
serio, con la tua voce piacevole,
che ci poneva domande, alle quali rispondeva,
sempre le stesse, domandava e rispondeva,
come se sapesse che sapevamo poche parole
sebbene – sono sicura – tu sperassi ardentemente
che il Verbo[5] stesso
fosse qualcosa che tutta la tua congreagazione conoscesse
profondamente.

Ti abbiamo visto invecchiare,
ancora serio; e occasionalmente, nelle tue mani,
abbiamo visto il saltuario piacere di una sigaretta;
una o due volte abbiamo notato una tua breve chiacchierata
con parocchiani che, senza dubbio, erano utili.

Poi, alcuni anni fa, abbiamo visto un cambiamento,
un prete più giovane era là,
in Chiesa, il che, con la tua mitezza,
probabilmente, tu non vedesti mai come tuo
– eccetto come se fosse nostro, di noi tutti – anche.

E tu ancora sedevi o stavi ritto davanti a noi,
condividendo la messa,
assistendo lui, che prima assisteva te.

E ancora – no, sempre di più – il tuo contegno
ci insegna cosa dovremmo essere: altruisti, umili,
facendo valere non le tue parole,
ma il Verbo manifestatosi attraverso di te.

Ordino, Agosto 2006

Bastone da passeggio

Camminando lungo il sentiero,
con il bastone che ho regalato a mio padre,
e che egli usò per alcuni anni,
prima di non poter più muovere un passo;
non riuscendo a stare nemmeno in equilibrio, su
quelle lastre di pietra e di sporcizia
come su quei sentieri di montagna;

Ricordo....di come prendeva sempre un bastone
per le passeggiate in campagna;
per indicare qualche panorama interessante,
per grattare un po' un maiale grato, o per appoggiarsi,
fermandosi accanto a me, la sua unica figlia,
le braccia cariche di giacinti estivi,
o di primule pasquali.

E come, mentre cammino ora,
appoggiandomi a questo bastone,
cerco di mandare un messaggio
proprio riguardante questo punto;
di mandargli immagini di questi campi rustici,
degli escrementi di cavalli (buoni per il rabarbaro)
degli uccelli spaventati, dei licnidi rossi,
della candida stellaria; dei ruscelli e delle pozzanghere....

Cose così semplici potrebbero essere omesse in paradiso.

Eppure le godrebbe ancora, lo so.

Ordino, Agosto 2006

La sua scelta

Era una donna grande, alta e statuaria,
e vestiva sempre di bianco:
gonna bianca di seta a pieghe, giù fino alle caviglie;
calze di seta bianche;
scarpe bianche di pelle, con tacchi moderatamente alti,
bottoni e cinturini;
una camicia bianca larga, dalle maniche lunghe, con balze e
fronzoli;
e un grande cappello bianco, con una veletta, sul quale si
ergeva un grande uccello bianco imbalsamato.
Anche il suo volto era bianco, dipinto con spessa cipria
bianca,
bianco come la farina. Portava una soffice borsa di seta;
e, nell'altra mano,
un parasole bianco secondo la moda Edoardiana.[6]

La vedevamo il sabato pomeriggio, qualche volta;
noi giovani ragazze che andavamo al catechismo.
La guardavamo e la fissavamo, mentre lei
misurava il selciato urbano
lentamente, indisturbata.

"Vive in tale e tale casa,"
una di noi diceva. "Ma lei è a posto. Può uscire,
quando vuole. Fu abbandonata
all'altare, molti, molti anni fa,
e questo era quello che indossava, mentre
lo aspettava, allora."

Un'altra storia era, che il suo amore
morì in Guerra – la grande Guerra
(millevocentoquattordici-diciotto).

Ma sempre, era un uomo,
che noi giudicavamo essere la causa
della sua scelta di vita.
Perché, per quanto nascosta
quella scelta fosse, era pur
sempre una scelta, vero?

Alcune di noi sapevano il suo nome,
a me sembrava strano,
che questa presenza distaccata avesse qualcosa
di così personale come un nome; che qualcuna di noi
potesse conoscere così privatamente
un personaggio così augusto.[7]

Signorina Qualunque Fosse Il Tuo Nome,
cosa c'era nella tua mente,
mentre procedevi
per le strade vuote della domenica,
non girandoti ne' a destra ne' a sinistra,
sempre guardando diritto avanti,
con passo imperturbabile?

Spogliati del presente,
erano essi più familiari allora?
Riconosceva il tuo occhio solo gli edifici più vecchi
– lo star Hotel, l'Angelo, e la Corona,[8]
dove forse avevi preso un rinfresco;[9]
la chiesa Metodista di Pump Street,
che avrebbe disapprovato se l'avessi fatto;
Grey Friars[10] e la Cattedrale (precedentemente chiesa
monastica)
– istituzioni, dove un'eccedenza di maschi
(accumulata dopo anni di pace,
quando la follia individualista creata dall'uomo e le nuove
invenzioni ingegnose
non avevano ancora fatto fuori
milioni di giovani uomini, e dallo stesso macello,

spogliato le loro mogli e giovani ragazze adolescenti
di compagnia, amore, bambini e propositi precedentemente
aspettati) –
White Friars e la Cattedrale allora,
dove i maschi in eccedenza, in tempi andati,
trovavano un modello e uno stile di vita,
con cui sopportare gli anni –
cose che trovavi da te stesso,
e che avevano anche, nel loro modo,
dignità, notevolezza, bellezza, e un senso di appagamento;
lo Shambles[11] e il Hop Market,[12]
dove i bisogni più grossolani di cibo e bevanda
erano abbondantemente – e in parte brutalmente –
disponibili;
la Casa Incontri per Amici,[13]
dove il tuo silenzio non sarebbe stato niente di insolito;
sebbene il suo messaggio, alcuni avrebbero pensato fosse
una protesta dolorosa troppo violenta;
la Commandery, il quartier generale, per un po' di tempo,
della sanguinosa Guerra civile in Inghilterra;
quando il puritano – piu' tardi Protettore – Cromwell
e sempre Cavaliere re Carlo
lottarono per lo stile di vita che loro e la loro gente
preferivano,[14]
come il Presidente Signor George rinato cristiano Bush
e il gruppo di Al Quaeda fanno oggi;
il ponte ferroviario di Foregate Street, che porta
le tre pere nere, che Worcester – città leale,
"civis fidelis"[15] – dette ad Elisabetta la Prima,
centinaia di anni fa,
quando il suo procedere reale[16] la portò lì da Londra:
– una zitella prima; che trovava che quello stato di single,
e la sua guida accorta dello Stato nazione inglese,
erano vocazioni che valevano il suo appassionato
abbraccio.

Riguardo te, dama della tarda era Edoardiana,
eri là per vedere, o, come la regina, per esser vista?

Stavi rinfrescando il passato,
ri-imprimendo I panorami della vecchia città nella tua
mente?
Nella fantasia,
stavi camminando con il tuo spasimante,
passeggiando lentamente, godendo del sogno nuovo
dell'amore,
camminando solo per camminare, senza meta
se non quella dell'appagamento del cuore, che non giunse
mai?

O, con l'occhio della mente, lo vedevi, che ti aspettava,
alla fine di questa lunga solita via?

Stavi mostrando consciamente,
con il tuo incedere calmo,
e concentrata, con distolta certezza,
il suo amore leale, la tua fedele attrazione? –
comunicando anche, ma con minore intenzione,
le immense profondità, dove tu avesti sepolto
(e per anni tenuto sepolto) la tua acuta,
triste conoscenza del modo cinico che il mondo aveva
preso,
distruggendo i sogni
della tua giovinezza durata decenni e da lungo passata?

Visto negli anni '50; scritto nel 2006

Affettuoso conforto

I morti non sono come noi,
perché sono morti.[17]

I loro pensieri sono sublimi, calmi,
spaziosi, concentrati sull'immensità.

Come possiamo crudelmente implorare loro di tornare,
con il nostro rimorso dal cuore spezzato,
pieno di pianto, di appassionata ossessione e desiderio?

Liberali dai lacci del tuo cuore! . . .
come Dio li ha liberati
dai lacci stretti
dei loro interessi quotidiani,
dei loro doveri, affetti, desideri,
delle lotte, dei piaceri e dolori.

Liberali!

Lasciali riposare e rimanere lassù
al di sopra del piacere e del dolore!

Vivere ci richiede di fare e di sentire,
credere nell'azione, emozione, ambizione,
lealtà, negli scopi, successi e desideri.

Così, noi viventi pensiamo
che facciamo un favore ai morti,
quando alle loro tombe
gli confidiamo i pettegolezzi del villaggio;[18]

gli mostriamo rispetto,
celebrandoli presso le lapidi
alle feste, chiamandoli per nome,
li sollecitiamo a mangiare, a bere e a socializzare;[19]
noi ci sforziamo di riprendere
una prospettiva terrena,
per far piacere a noi.

Non pensiamo di danneggiarli,
quando scendiamo nell'oltretomba,
versando crudelmente il sangue di qualche creatura inerme,
per forzare corporeità su di loro;
semplicemente per nostra informazione,
per il nostro conforto,
per assistere il nostro obiettivo.[20]

O quando visitiamo l'Ade, sfidiamo gli dei,
per chiedere di riportarli indietro,
impiegando i nostri migliori talenti,
corteggiandoli con la nostra melodia piu' dolce,[21]
facciamo sentire loro di nuovo
le lusinghe del mondo,
dove non possono ritornare a vivere.

Non pensiamo che sia crudele, quando
piazziamo delle lettere dell'alfabeto
e un bicchiere sulla tavola,
e chiediamo se qualcuno è là;[22]
quando sollecitiamo i nostri soldati straziati
a ricordare, e poi, a farci sapere,
quanto soffrirono,
quando morirono.

Riguardo le crude urla
e il clangore delle catene,
che qualcuno di noi immagina,
questi riflettono il nostro bisogno,
di avere paura;
nessuno dei loro bisogni,
per causarci paura.

Non c'è nessun fantasma irrequieto e affamato;
soltanto persone irrequiete, affamate che abitano questo
mondo.

I morti ritorneranno da noi, ma per affetto.

Usciranno lottando
dalla loro pace permanente
del loro essere sublimati,
per visitarci nei nostri sogni,
per confortarci, assisterci, e rinnovare
il nostro affetto, per il nostro bene.

Nessun bisogno di chieder loro.
Quando avremo bisogno di loro, loro verranno.

Loro e noi viviamo
in spazi differenti
d'immensità e materialità.

Il desiderio che noi viventi abbiamo
di ridurre, violare e chiudere
lo spazio che ci separa, e cogliere
la presenza dei nostri cari morti
è parte della nostra natura vivente.

È comodo pensare
che noi possiamo avvicinare i morti
con sangue, cibo, lacrime, festività,
e doni che facilmente troviamo e offriamo,
e che noi stessi desideriamo.

Ma, com' è difficile
raggiungere – cercar di raggiungere –
la loro sfera di implicito silenzio.

Eppure, se noi davvero li amiamo,
più di quanto amiamo la nostra vita e il nostro vivere,
credo che proveremmo....

Henry Vaughan lo fece; lo visse:[23]
"Ho visto l'eternità la notte scorsa," scrisse,[24]
pensando ai suoi gemelli e agli altri che se ne erano
andati prima di lui, "nel mondo di luce".[25]

E, quando morì,
fece incidere sulla tomba
parole che rivelano i suoi pensieri dolorosi:

"Qui giace uno che desiderava morire," leggiamo.[26]

Ma...

una tale singolarità di umore
è qualcosa che potremmo non volere,

almeno non ogni giorno,

non nei nostri giorni di vita.

Chester, Regno Unito, Luglio 2016

La Saggezza a un concerto: incontrando l'applauso o Saggezza concertata

In seguito a un concerto di Tchaikovsky eseguito dall'Orchestra Filarmonica di Mosca, 28 febbraio 2007

Seduta qui a Hong Kong,
stipata su una poltrona verde di lusso,
fatta su misura
da un Procuste dei giorni d'oggi,
per persone di una taglia più piccola
di noi in Europa,
ignorando perfino le esigenze
dei nostri alti vicini del Nord,
stiamo attenti alla Filarmonica di Mosca,
e a Yuri Simonov,
il loro direttore elegantemente vestito,
che danza sul podio,
abbracciando i suonatori con braccia distanti,
lanciando in fuori le sue mani espressive,
attraverso lo spazio piccolo,
che lo separa da essi.

Ci fa ridere di piacere,
sedendo nelle nostre poltrone,
contaminati dal suo godimento esuberante.

E quando il violinista, Boris Belkin,
conclude la sua interpretazione competente
del difficile e complesso concerto
per violino in Re minore di Tchaikovsky,
così incantevolmente e dolorosamente romantico,
Yuri salta giù dal podio,
lo abbraccia, e gli dà due baci,
uno per guancia.

"Come hai suonato in modo meravigioso!"
è chiaro che è ciò che sente. "Come sono contento di te!
Come ho goduto del tuo suonare; e anche della mia danza
assieme alla tua musica,
mentre le tue dita danzavano
e le tue braccia si muovevano forti e veloci,
ma non ritmate,
rendendo deliziosi e divini,
suoni, concepiti 125 anni fa."[27]

La lode che Yuri versa sull'artista,
l'artista la estende al suo strumento.
Porta il suo violino alto in aria,
quasi orizzontalmente, in linea col suo inchino,
mentre attraversa veloce il palcoscenico,
avanti e indietro, dentro e fuori,
portato nelle braccia del nostro applauso a cascata.

Vestito modestamente,
piuttosto che consapevolmente alla moda,
in uno stile bohemienne comune negli anni '60:
maglietta nera con giacca nera
e pantaloni di un blu scuro e sorprendente.

Da quando ho conosciuto Hong Kong,
so quale reputazione porta il suo pubblico;
esigendo solo il valore dei soldi,
applaudendo e applaudendo,
sperando in un bis dopo l'altro.

Stasera, sento che questo è cambiato.
L'applauso è ancora estremo, eccitato, frettoloso.
Ma per quale motivo?

Prendendo visione dell'eccitazione
della folla sicuramente sofisticata;
sollevando le mani in alto mentre applaudono,
e continuano ad applaudire,
uno pensa alle masse in qulache spazio pubblico immenso,
mentre grida, "Ave Hitler!"; o mentre osanna qualche altro leader,
che – in modo simile – possiede
i doni della demagogia,
combinati a fiera opposizione.

Ma ritorniamo alla musica.

Le folle più vaste tipicamente
si agglomerano per la musica,
quella meno complessa,
la meno significativa,
sostanzialmente la meno risonante.

Così l'eccellenza dell'essenza
di una cosa creata aumenta,
diventa più specializzata,
più complessa,
quanto più i suoi ammiratori diminuiscono.

Fino a quando scopriamo che il rapporto è uno a uno.

Esiste un'anima che apprezza
ciò che di meglio abbiamo da offrire.

Che musica speriamo di suonare per lui o per lei!
E com'è silenzioso l'applauso più apprezzante....

Provato il 28 febbraio 2007, scritta l'1 marzo 2007

Il giardino di via Cornovaglia

L'asilo e la scuola elementare inglesi Gloria
si trovano di lato a un giardino di piante,
istruite come minimo da decenni
a formare elefanti e dinosauri,
pedine dell'arte topiaria e di pergole cocenti.

Non si tratta di un giardino abbandonato questo;
sebbene la ragazza cinese e il suo amore caucasico,
quasi furtivamente mangiando
un unico pranzo da una scatola del take-away,
ovviamente pensavano che fosse più abbandonato di quanto
lo sia,
e all'entrata non negoziarono per il visitatore inglese,
probabilmente con appresso curiosa macchina fotografica;
e distolsero lo sguardo verso il lato opposto.

La profusione di fertilità qui è nuda per chi osa vedere –
gli stami rampanti e i pistilli dell'ibisco,
la cima della buganvillea, i fiori di palma.

E noi possiamo soltanto supporre
l'oscena innocenza
dei giocattoli nell'area giochi dei bimbi
qui non è un tentativo deliberato
di rivendicare la sessualità.

Ma due farfalle bianche
danzano l'una sopra l'altra a turni;
gli uccelli cantano per attrarre
e chiamano per convocare i loro compagni;
e addirittura io siedo creando una specie di vita
in questo giardino indimenticabile;
dopotutto non così di lato.

Questo mondo distorto e superficiale da bambino,
dove i pesci sono più grandi dei pony
e anche l'orologio giocattolo punta verso ovest
è una irrilevanza irriverente.

Il panda simpatico ti guarda profondamente negli occhi.
Il pachiderma estende la sua proboscide.
E noi vediamo che è il consapevole montone, non l'agnello
innocuo,
che ci offre un passaggio.

Per forza che la supervisione di un adulto è consigliata.
E le altalene dei bimbi fanno anche da museruola
(anche da cinture di castità, qualora ce ne fosse bisogno).

Una giovane donna, i suoi occhi
bendati strettamente da un canovaccio verde –
forse incoraggiando il pensiero verde
di Marvell nella penombra verde[28] –
siede immobile su una panchina del parco,
aspettando che qualcosa succeda.

26 marzo 2007

Pescatrice I e II

Il 7 aprile 2007, si tennero i primi funerali in mare nelle acque di Hong kong per i residenti della citta'.[29]

I

"Amava il mare e spesso qua prendeva il pesce,"
sua figlia disse,
dopo aver gettato le ceneri alle onde.

"Ho sentito la sua gioia mentre l'ho mandata indietro
dove era sempre felice.

Ella desiderava che lo facessi io.

Fu il suo ultimo desiderio,
che ora ho esaudito
in questo periodo di Pasqua.

Penso che anche Dio lo volesse."

II

"Essa amava il mare e spesso qua prendeva il pesce."

Sì, suppongo che lo ameresti. Credo.
La familiarità può generare affetto.
E come potrebbe uno lavorare in mare,
per ore, giorni, anni, una vita intera,
e non piacergli ciò che fa?

Un pescatore solitario, magari. Che pensa al pesce.
Concentrato sull'acqua, le maree, il vento, e il tempo
atmosferico.

Magari nella calma riflessione su se stesso e la sua famiglia.

Un funerale cristiano, sembra una signora cristiana.
Una famiglia cristiana;
perché sua figlia in lacrime parlò di Pasqua
e della volontà del Dio della Pasqua.

Essere una pescatrice e una cristiana pure!
Sentire la storia di Cristo che cammina sull'acqua!
Sapere che i primi discepoli che Cristo chiamò
erano pescatori anch'essi!
Sapere come Egli disse loro:
"Io vi farò pescatori di uomini"!
"Su questa roccia io costruirò la mia chiesa".
Sentire la storia delle reti vuote
miracolosamente riempite.
La storia dei pani e dei pesci
e dell'aver sfamato cinque mila persone.

Come si dovrebbe sentire vicina a tutto ciò!

E, se andasse mai in città,
alla cattedrale,
e vedesse il tributo di tutti i pescatori di pesce
risplendere ancora nei vetri colorati,
come si sentirebbe benvoluta, forse,
o, se modesta, come credo siano i pescatori,
magari si sentirebbe troppo esposta.

Ma che cosa direbbe della storia
del suino di Gadara?
– Sentendo come dei demoni entrarono in un gregge di maiali,
che si affrettarono sul ciglio di una rupe,
si rovesciarono, e annegarono in mare,

si è mai chiesta
se c'erano dei demoni nei relitti galleggianti
che deve aver visto sempre più di frequente
in quelle che prima erano acque chiare e profonde,
che una volta, sempre, riflettevano il cielo?

E, le sue ceneri galleggiano come una volta la sua barca,
in equiibrio sulle onde gentilmente ondulanti,
scendendo giù attraverso gli abissi,
posandosi fra le aragoste che usava prendere,

Sarà affrontata dalla plastica dai colori severi,
dalle lattine taglienti e dal vetro? O saprà
che il mare redimerà anche loro? Il movimento dell'acqua
sul vetro,
toglie ad esso il contorno tagliente, la ruggine, si mangia la
lattina;
la plastica (colonizzata dai molluschi, dalle alghe e da
piccoli branchi di pesci)
prenderà vita, non semplicemente disssimulandola?

Riguardo coloro che sono in pericolo in mare,
rifletterà essa che tutti i pericoli per lei sono ora finiti?

Aprile 2007

Sapendo il suo nome

Li cuci all'interno
quando entrano nella casa di riposo.

E poi
li rimuovi
quando il loro ultimo indumento terreno è scartato
con loro.

Ma quest'ultima volta,
Io – sua unica figlia, figlia unica;
anch'essa figlia unica,
vedova di un figlio unico –
vorrei che sia,
chiaramente cucito e mostrato sull'etichetta della fabbrica.

Poi le persone che li metteranno in ordine,
li guarderanno, proveranno,
compreranno e indosseranno,

vedranno il suo nome,
e si chiederanno com'era,
la persona che li indossava prima.

E qualcun'altro saprà allora il suo nome.

Luglio 2007

Il suonatore di flauto: dolce e basso[30]

La dolcezza di questo motivo ben suonato
era carino da sentire. Graziosa da vedere
era la sua serietà. Siede basso
per terra; qui, dove passiamo
spensierati, senza parole, ignorandolo.

Ma lui ha lavorato
duramente per la maestria – musicale, intendo dire –
come quelli che applaudiamo da verdi poltrone di lusso,
comode, e dal costo elevato:
che richiedono un bis dopo l'altro,
da palcoscenici famosi, dove non solo il talento li ha
collocati.

La sua persona è discreta. Non tende la mano
o il cappello per chiedere l'elemosina. Non ci offre nulla
della sua storia, esposta in parole supplichevoli,
implorando il nostro affetto.

Ci dona ciò che ha, senza che noi glielo chiediamo.
Rigrazialo per il suo dono.

Ma quando metti con cura un soldo dentro,
che si annidi dove il suo flauto dorme di notte,
ringrazialo con un sorriso
e alcune rispettose parole di lode.

È un artista e ha il suo orgoglio quieto.

Settembre 2007

Visto a Shanghai[31]

In questa corrente di passanti – alcuni separati,
altri sommariamente raggruppati –
essi sono una coppia appariscente,
e asfissiante:

la madre diffidente, schiva,
con gli occhi bassi,
che trova insopportabile la nostra curiosità,
forse anche, temendo il nostro disprezzo;

il figlio con lo sguardo diritto davanti a sé,
orgoglioso dei suoi risultati.

Lei gli tiene la mano,
ma io credo che lui pensi
di tenere quella di lei.

Un ragazzo con la sindrome di Down
raramente arriva al trentesimo compleanno,
così dicono i libri. Ma questo sembra più vecchio.

Certamente lei gli vuole molto bene.
Ma il suo affetto attento
ha moltiplicato le sue preoccupazioni.

Prolungando la vita affezionata di lui,
lei prolunga la morte
della vita personale
che la sua nascita inevitabilmente
le portò;
più di quanto le madri
normalmente sopportano.

Se – no, quando – lui la lascierà,
saranno i suoi ricordi di lui
e la consapevolezza
che ella fece tutto bene –
del suo meglio e di più –
sufficientemente forti
da aiutarla ad uscire
dalla crisalide
in cui si era interiormente chiusa;

protetta come in un bozzolo dal nostro interesse,
proteggendo lui
da una troppo grande consapevolezza
di sé?

Aprirà allora le ali
la farfalla:
per volare finalmente nell'aria vivida?

Dopo il 1986 e prima del 2009

Il gufo di Tengmalm (funerale)[32]

La luce era scarsa nel primo pomeriggio,
lassù nello Highland Scozzese a nord,
mentre guidavamo verso i monumenti in pietra, desiderosi
di vedere che cosa vi fosse là.

La qualità della luce
dava ancor più l'impressione
di assenza del sole,
che qualsiasi altra cosa nella nostra esperienza precedente;
non riflettendo semplicemente l'ora del giorno:
suggeriva davvero
che non ci fu mai del tutto
un qualche sole lassù.

I cumuli erano facili da trovare:
ognuno un accurato mucchio di pietre,
un po' simili a un iglò.

Tu facevi la parte di un uomo;
facevi strada e strisciasti dentro
per vedere com'era, come si stava dentro.

"Scoprilo da te!"
dicesti, quando emergesti
e io posi la domanda ovvia.

Paurosamente,
Io misi la testa e le spalle
dentro l'apertura

E non sperimentai
nulla . . . .

Nulla.

Nessuna presenza. Nessun fantasma del passato.
Nessuna rabbia per l'intrusione. Nessun dolore travolgente,
sentito per la loro lunga separazione dalla vita.
Nessuna gioia al solazzo che la nostra compagnia –
per quanto brevemente – portò.

Nulla poteva sfamare il sangue fresco
Dei nostri battiti caldi
O le nostre gote, arrossate dalla freddura estiva.

Credo che loro fossero troppo distanti da noi.

Distanti nel tempo.

Ma anche nei loro pensieri;
nelle loro preoccupazioni.

Non c'era nulla dentro di noi
che loro riconoscessero
(in quel breve lasso di tempo.
Quando eravamo là)
che potessero usare come piattaforma
per consolidare una comunicazione con noi.

Il diapason delle nostre apprensioni
può aver colpito la loro polvere,
compattata assieme alle pietre
dove forse potrebbero aver trovato rifugio
dalla loro era Neolitica.

Ma noi non potemmo sentire
il suono che facevano, così colpiti,
molto meno, distinguere la nota
in cui le loro risonanze parlavano.

Fu una forte esperienza
del nulla;
            sufficientemente potente
da emergere a migliaia di chilometri di distanza,
dopo diciotto anni,
qui a Hong Kong,
in una domenica caldissima di agosto
dal sole cocente;

dove gli antenati sono sentiti vicini
e benvoluti,
tenuti stretti dentro la famiglia.
~~~
Avete finalmente
trovato un modo di parlarci,
dopo tutto?

Devo riflettere su cosa state cercando di dire.
Forse la linea di comunicazione è aperta ora,
ma nessun messaggio è pervenuto,
finora.
~~~
Ritorno a pensarci:

alla strada diritta e stretta
attraverso un paesaggio piano, spoglio, erboso,
senza una vista distante;

l'assenza di luce
che si intensificava
mentre ritornavamo dalla non-esperienza
della nostra visita;

e all'improvvisa e sorpendente rivelazione
di un piccolo gufo,
appollaiato su di un cavo basso, che sfiorava la strada;
il suo piumaggio soffice, le sue penne di un crema leggero,
cosparse di un pallido marrone,

che riflettevano i fari abbassati della nostra lenta macchina
a noleggio,
mentre sbalzava in alto da un piccolo avvallamento,

come ritornavamo all'albergo;

con la sua cena buonora non necessaria di cinque portate,
una jacuzzi mal funzionante di color viola
e i giornali del mattino ricevuti a metà pomeriggio.

2004-2009

Uomo zucca

La sua pelle è sottile
come quella di una cipolla;
tesa come la carta di una lanterna.

Dal suo viso senza lineamenti
faccia di zucca,
i suoi occhi sbirciano fuori,
e vedono tutto.

Abbiamo paura di incontrare quegli occhi,
di trovare le emozioni
dietro la sua orribile, orribilante,
maschera distrutta di una faccia.

Egli giace lì sul marciapiede,
scomodamente prono,
facendo gesti con il cappellino
chiedendo l'elemosina.

Ma alla fine della giornata
(si può vedere, se il momento è giusto),
ha una casa dove ritornare;
si alza in piedi,
si mette il cappellino in testa,
cammina via.

Novembre 2008

Esposizione di fiori

I fiori umani –
tanto più belli
di quelli che sono venuti a vedere!

Gruppi di anziani
volentieri inizialmente mantengono il gruppo,
ma presto osano riafferrare
l'individualità,
che hanno perfino le viole del pensiero ammassate,
assieme alle calendole e alle petunie,
se guardi da vicino.

I bambini vengono dietro volentieri.

Una giornata sul campo per i fotografi, certamente;
ma anche noi siamo costretti a selezionare,
discriminare. – Troppa pienezza,
bellezza, creatività – vita – da
interiorizzare tutta nelle nostre macchine fotografiche,
o perfino nei nostri pensieri.

I pazzoidi sono qui a bizzeffe.

Se guardano i fiori da vicino,
vi è consolazione là. – Difficile trovare
degli esemplari perfetti! – Sono tutti sbiaditi,
appassiti, danneggiati in qualche modo. Solamente
presi nel loro insieme, sembrano perfetti.

Gli stati totalitari, senza dubbio
vedono le cose allo stesso modo.

*Esposizione di fiori di Hong Kong, Parco di Vittoria, Isola
di Hong Kong, 2009*

Personificazione

Gravemente, con discordanze
sonore e forti, essi rivelano
la musica
che i santi nelle finestre di vetro colorato
e gli angeli negli affreschi sbiaditi facevano
davanti a Dio, molti secoli fa;
l'improvvisa, svelta e dolce
melodia ugualmente piacevole
ai Suoi orecchi.

Il ritmo aumenta – concitato,
correndo via. – Dio stesso
è intervenuto, pichiettando.

E poi lo sfavillante finale!

Che lo spettacolo raggiunse,
angeli e santi possiedono ora
le anime dei loro ascoltatori.

Aderenti all'artista, ispirati,
danno alla musica sentita
colore e forma,
mostrandoci suoni
altrimenti zittiti dal tempo,
dai cambiamenti,
e dalla mancanza di costanza.

*Trio Matta-Rouch (Francia), concerto a Ordino, Andorra,
agosto 2009, parte dell'undicesimo raduno di zampognari*

Ho toccato il muro

Ho toccato il muro, il mio punto di svolta,
e mi sono chiesta,

Verrà in tempo questo sentimento di intonaco screziato
per essere il sentimento per me
di tutto il traguardo – Fammi
sperimentare...usare questo obiettivo scientifico
per sostenere questa quotidiana camminata mattuttina;
le altre delizie quotidiane;
e il ragionamento interiore – Camminare è anche lavorare!
– che noi dobbiamo usare, per distoglierci
dall'istantaneo accesso al nostro mondo di parole
a ogni nostro risveglio,

rassicurandomi che mi piacciono gli altri camminatori,
che – magari più esperti, –
con accurata esagerazione muovono le braccia;
ma le cui gambe più corte implica ancora
che camminano più lentamente attraverso il parco;
alcuni fermandosi per battersi lo stomaco per scopi
sconosciuti;
altri – loro stessi apparentemente incerti
del loro obiettivo – che richiamano gentilmente
lo scolaro di Shakespeare, che va a scuola a passo lento e
malvolentieri;
altri – che stanno invecchiando e sono un po' piegati di lato
– con determinazione
girano attorno al gruppo di palme
e con fatica sollevano un braccio per salutarmi,
come fanno le guardie notturne delle scuole, ora abituati a
me
e al mio allegro gesto di saluto con la mano.

I cani sono un'altra faccenda. Alcuni sanno
che il loro scopo è di inscenare
efficientemente atti privati in pubblico,
il più velocemente e copiosamente possibile;
di conoscere i loro compagni, leggermente imbarazzati,
e che segretamente odiano il compito di portarli fuori,
facendolo diventare più gradevole mandando messaggi di
testo agli amici, leggendo il giornale,
e generalmente facendo camminare il cane il meno
possibile.

Ma altri sono felici di portare fuori i loro umani per una
passeggiata,
sguinzagliati illegalmente; e io mi trattengo
dal salutarli, non volendo
sedurli e nemmeno esserne azzannata, o essere annusata
anche intimamente – tra estranei, dopo tutto!

Ma procediamo....

Qui in questo minuscolo giardinetto geometrico,
i suoi alti solidi arbusti sono ravvivati da fiori delicati.

Il Mar della Cina....Una singola barchetta tira dentro le sue
reti,
il figlio che aiuta la madre forse,
per continuare questa occupazione in declino;
fino a quando, messa da parte la capanna hakka,
lei rema verso un'altra spiaggia
e lui cerca lavoro sulla terraferma.

Più lontano, una barca siede,
le sue quattro gambe crostacee snodate e allungate
mentre aspettano una pesca più grossa.

In lontananza, Hong Kong e i colli di Kowloon
e altre alture sono viste attraverso una foschia che
a Turner sarebbe piaciuto dipingere. (Un altro giorno,
il sole nascente volge gli occhi da un'altra parte.)

Verso destra, aironi assenti su una singola zampa
e una vicina linea di spiaggia....

– L'altro giorno, qualcosa
li aveva disturbati. Si erano sollevati
e ora giravano attorno; ed
era interessante vedere il disegno
del loro riattaccamento alla terra;
qualcuno velocemente affollava l'albero; qualcuno
prese l'opportunità di riposarsi dalla folla,
e stava relativamente a lunga distanza.
Di fatto, alcuni stettero così tanto tempo che io ripresi la
mia camminata:
non c'era più tempo per osservarli ancora a lungo. –

La marea bassa e una piccola spiaggia sabbiosa
sotto le ruote di gomma, cappelli rotti di strega e altri
misteri di uso moderno, ora disusati, ammalati,
che aspettano un ragazzino o un marinaio bloccato
per provvedere un nuovo uso e senso di obiettivo...

di cui noi tutti abbiamo bisogno – oggetti, uccelli, cani,
persone –
per sentirci completi, salubri e liberi dalla nullità.

Discovery Bay, Hong Kong
27 settembre 2010

Amici intimi

La striscia d'erba,
che divide la strada per l'aeroporto,
ne aveva abbastanza da offrire un pasto a una mucca;

– e la mucca c'era, che pascolava;

e al suo lato, accovacciato
in modo intimo e familiare,
c'era il suo padrone,
il suo bastone per traverso sui ginocchi,
vicino a lei,
che la guardava,
e ci parlava:

"Ora, Daisy,
saziati; fa' un buon pasto.
Io me ne starò qui accovacciato,
vicino a te,
tenendoti compagnia,
finché non avrai finito."

Era emozionante vedere
tanta familiarità
tra uomo e bestia;
le buone relazioni che dovremmo avere;
che ricordiamo dalla nostra passata fanciullezza
– o la fanciullezza che avremmo dovuto avere, ma non
avemmo mai –
e che il nostro futuro non potrà mai recuperare.

E noi persone che viaggiamo, volando qui e là,
dentro e fuori dai Paesi,
che guardiamo i notiziari alla televisione
di quelle speci, che sono pericolosamente vicine
all'estinzione,
che cosa facciamo, se non rammaricarci?

Cambieremo un briciolo di ciò che usiamo fare,
giorno dopo giorno, per mitigare le cause,
che si accumulano verso tale perdita?

"Come mosche per i ragazzacci siamo noi per gli dei;
ci uccidono per loro divertimento." Così scrisse
Shakespeare.

La specie umana agisce anche in tal modo.

Forse non possiamo sfuggiare alla nostra stessa estinzione
a tempo debito. – "Coloro che gli dei
desiderano distruggere, prima li fanno impazzire." –

Ma fino ad allora, agiamo noi stessi
come dei; e salviamo quelle speci che possiamo.

Sulla strada che dall'Aeroporto Madre Teresa porta al centro di Tirana, Albania, 17 ottobre 2010.

Gentilezza

Ogni Paese ce le ha:
madri che chiedono l'elemosina assieme a un bimbo.

La giovane donna sedeva a terra,
il suo bimbo dai capelli biondi sedeva
tra le sue gambe distese.

Un uomo si era fermato davanti a lei,
e le stava parlando; gentilmente
facendole domande sulla sua situazione. Ella
stava piegata in avanti, rispondendogli impazientemente.

Forse ella diceva, "Ci sono solo io;
e non ho a sufficienza
per nutrirla, vestirla, mandarla a scuola."

E lui ascoltava gentilmente, tirando fuori un portafoglio
dalla tasca, mentre ascoltava e faceva domande.

Donne come quella, ne ho viste in precedenza, tante:
non tutte così graziose, o giovani, o in apparenza tanto
seriamente
impegnate in una conversazione con un passante;

Ma ciò che non avevo mai visto prima era
un passante come questo, che non cala una moneta
e cammina oltre; ma fermandosi
gentilmente, pone domande, guarda in faccia colei
che gli chiede l'elemosina;

Prendendosi il tempo di sentire e di mostrare il suo sentire
la sua brutta situazione; tirando fuori il portafoglio;
non affrettandosi.

Non credo che dopo le avrebbe dato
un buono per una mensa,
dove una Bibbia o un Corano le sarebbe stato offerto
gentilmente – o non così gentilmente, forse – .

Sono sicura che lui era una persona privata,
che agiva mosso dalla gentilezza
e dalla buona volontà del suo cuore.

Così potremmo fare tutti, se non resi cinici
dai comuni mendicanti di professione,
che vediamo ogni giorno
(e che, istruiti da capibanda),
sanno come prendersi gioco della nostra commiserazione.

Tirana, Albania, 18 ottobre 2010

Patchwork

Siedi tra le pezze,
piazzando e rattoppando per ore:
motivi, immagini e persone,
con luce notturna e luce diurna,
luce brillante e luce fioca.

Lavori veloce, riflettendo,
ma non hai totale controllo;

Aggiungi e costruisci
fino a quando il lavoro delle tue mani
dice,

"Sono finito
"Ora smetti
"E il mio nome è 'frutteto' o 'illuminazioni' o 'qui è dove ti fermi'."[33]

E quale altro potere ti sta costruendo,
piazzando, dando forma, ritagliando per anni?
Non controllando completamente. (Perché hai libera volontà.)

Puoi mai dire, "Sono finito, completo;
E il mio nome è 'pazienza', 'servizio', 'amore energico'"?

Un'altro lo dirà;
e ha detto, "questa pezza...diamante immortale,
è diamante immortale".[34]

6 settembre 2015

Avvistamenti, Pensieri, Sentimenti – Recensione libro

La collezione di poesie di Gillian Bickley, tradotta da Luisa Ternau, non poteva avere titolo migliore. In un arco di tempo che va dal 1972 al 2015, Bickley ci accompagna attraverso molti "avvistamenti", in varie parti del mondo, che lasciano emergere una varietà di pensieri e sentimenti, stimolando la curiosità del lettore.

Gillian Bickley ci guida attraverso le reminiscenze una Hong Kong che non c'è più, ma anche attraverso le Midlands inglesi, la Scozia, Andorra, l'Albania. Ritroviamo fotografie, musica, resti archeologici, animali, piante e fiori. Tanti sono anche i ricordi dei vari personaggi – conosciuti di persona o semplicemente osservati. Tutti, in qualche modo sono diventati oggetto di ispirazione per l'autrice. Non mancano le riflessioni sul senso della vita e della morte, che prendono forma da episodi o incontri anche casuali.

Raccomando vivamente questa raccolta di poesie. Il verso di Bickley è coinvolgente: con grazia e gentilezza ci permette di entrare a far parte dell'interessante e ricco mondo lirico di questa poetessa.

—Paola Caronni

Avvistamenti, Pensieri, Sentimenti – Commento

Le tre parole del titolo riassumono molto bene il contenuto di questa raccolta di poemi. La poesia di Gillian Beckley è poesia d'osservazione, dove l'autore come un esperto volatile si posa, ora in un punto, ora in un altro, spostandosi continuamente, cambiando di luogo e di prospettiva per dedicarsi ai suoi « avvistamenti » con un'analisi appassionata. Con il tocco e la leggerezza di un uccello, la penna dell'autore lascia sul foglio le sue impronte, le sue impressioni, le sue osservazioni, i suoi "pensieri". Il poeta-volatile compie escursioni nello spazio-tempo, posandosi tra i ricordi in una sala durante un concerto, conversando con un amico albero, peregrinando in una via affollata di Hong Kong o in un villaggio di Andorra o in una cittadina della campagna inglese tra nostalgie e "sentimenti" verso parenti ed affetti familiari. Un libro da scoprire, leggendolo in silenzio...perché il silenzio è come l'oro...

—Angelo Rizzi

NOTES

[1] Le poesie di questa collezione sono state precedentemente pubblicate in cinque raccolte di poesie di Gillian Bickley. Per la cronaca (2003), Trasloco (2005), Avvistamenti (2007), la Cina Suite (2009) e Percezioni (2012) hanno tutte ricevuto il sostegno alla pubblicazione dal Comitato per lo Sviluppo delle Arti di Hong Kong. Tutte a eccezione di Sightings sono state inizialmente pubblicate con le registrazioni dell'autore su audio CD di tutte le poesie nella rispettiva collezione.

[2] Il Grosvenor Museum a Chester ospita la più grande collezione di lapidi romane da un unico sito in Gran Bretagna. (Www.chester.gov.uk/main.asp?page=899) Il primo duca di Westminster (nome di famiglia, "Grosvenor") ha donato £ 4,000 delle £ 11.000 raccolte per l'acquisto di un appezzamento di terreno per il Museo, che ha inoltre, molto più recentemente, beneficiato di una concessione dalla Heritage Lottery Fund.

[3] Un centurione comandava un gruppo di un centinaio di uomini nel sistema dell'esercito romano.

[4] Mossèn Roc Pallarés, l'allora parroco di Ordino, Andorra, scomparso il Martedì, 9 ottobre 2007.

[5] I significati di "La Parola", in questa poesia sono indicati dalla seguente citazione dal Vangelo di San Giovanni della Bibbia cristiana: "In principio era il Verbo. E il Verbo era presso Dio. E il Verbo era Dio".

[6] Un aggettivo derivato dal nome "Edward", Edoardo in italiano. "Edwardian" o "Edoardiano" si riferisce agli stili durante il regno di Re Edoardo Settimo di Gran Bretagna (1901-1910).

[7] Cfr. "Auguste", il nome del tipo di clown da circo che si fa dipingere il volto di bianco.

[8] Tutti i riferimenti architettonici e locali sono rivolti alla città di Worcester, nelle Midlands inglesi. La Stella, L'Angelo e La Corona sono tutti locali dove vengono servite bevande alcoliche, oltre a fornire camere per il pernottamento.

[9] Qui usata come eufemismo per "bevanda alcolica".

[10] "Frati minori" è un nome dato ai francescani o frati minori, un ordine fondato da San Francesco d'Assisi. Presumibilmente, "Frati Bigi", un antico edificio nel centro della città moderna di Worcester, una volta era un convento francescano, o deve aver avuto qualche altra relazione con i Francescani. (L'attuale

edificio risale circa al 1480. La dissoluzione dei monasteri sotto il re Enrico VIII ebbe luogo nel 1536.)

[11] "The Shambles" è una zona commerciale nella città di Worcester, in precedenza l'area in cui i macellai svolgevano le loro attività.

[12] Il luppolo (da cui viene fatta la birra) è una coltura tradizionale del Worcestershire.

[13] Le riunioni della Società degli Amici (i cui membri sono anche chiamati "Quaccheri") non prevedono alcuna "funzione", come hanno molti altri gruppi cristiani. I membri siedono in silenzio e chiunque si senta ispirato a contribuire con qualche pensiero, parla spontaneamente. Il gruppo si oppone alla guerra e alla violenza.

[14] I Cavalieri e le Teste Rotonde indossavano diversi stili di abbigliamento, avevano acconciature diverse, parlavano in modo diverso e adoravano Dio in modo diverso.

[15] Worcester incominciò ad essere indicata in questo modo dopo le due guerre civili inglesi, a causa della sua fedeltà sia a Carlo I (re, 1625-1649 (quando fu giustiziato)) che a suo figlio, Carlo II (incoronato, sconfitto e fuggito in Francia nel 1651, restaurato come re, 1660-1685). La città di Worcester fu la prima a dichiarare il sostegno al re Carlo I e l'ultima ad arrendersi a Cromwell nel 1646. La battaglia finale della seconda guerra civile fu la battaglia di Worcester nel 1651, quando Carlo II fu finalmente sconfitto.

[16] La gente comune può magari andare a fare un viaggio organizzato. Un monarca faceva una "visita ufficiale" attraverso il suo regno.

[17] Cfr. La risposta di Ernest Hemingway alla dichiarazione di F. Scott Fitzgerald, "I ricchi sono diversi da te e me", che fu: "Sì, hanno più soldi."

[18] Un documentario televisivo ha mostrato questa usanza che ha luogo in Italia.

[19] Si tratta di un'usanza cinese durante alcuni festival, quello di Ching Ming incluso, il festival dello "spazzamento delle tombe".

[20] Per la visita di Enea agli Inferi, che descrive un episodio del genere, vedi l'Eneide, Virgilio, libro VI.

[21] La leggenda narra che il musicista, Orfeo, discese agli Inferi per cercare di riportare in vita dalla morte la sua cara moglie,

Euridice, senza riuscirci, per non aver osservato una condizione posta da Plutone, dio degli Inferi.

[22] Planchette è un metodo che è stato utilizzato per cercare di entrare in contatto con i morti. Un gruppo si siede formando un cerchio intorno ad un tavolo, sul bordo del quale sono disposte le lettere dell'alfabeto. Tutti mettono una mano su un bicchiere di vetro al centro del tavolo. Il bicchiere si può quindi spostare in modo tale da indicare diverse lettere dell'alfabeto e precisare un messaggio, ritenuto pervenire dal mondo degli spiriti. Dopo la prima guerra mondiale, le famiglie in lutto hanno cercato di entrare in contatto con i loro cari figli perduti, uccisi in guerra. Planchette è stato uno dei metodi utilizzati. Lo svolgimento di sedute, con i medium, è stato anche richiesto. T.S. Eliot (1888-1965) descrive questa attività nel suo grande poema, 'The Wasteland' ossia 'La terra desolata'. C'è un rinnovato interesse in tali attività ogni volta che c'è una perdita significativa di vite.

[23] Henry Vaughan, poeta gallese e sacerdote, vissuto nel 1621-1695.

[24] Henry Vaughan, 'Il mondo', in Silex scintillans, parte I, 1650, verso 1.

[25] Henry Vaughan, 'sono andati tutti nel mondo della luce', in Silex scintillans, parte II, 1655, linea 1.

[26] Henry Vaughan è sepolto nel cimitero di Llansantffraed, Breconshire. La citazione si basa sulle note fatte durante una visita personale.

[27] L' anteprima mondiale dell'unico concerto di Tchaikovsky per violino venne eseguita nel 1881.

[28] Andrew Marvell, poeta metafisico inglese del 17 ° secolo, scrisse una poesia stupenda, intitolata, 'Il Giardino', discussa da William Empson ne "I sette tipi di ambiguità", in cui i versi finali concludono un'esperienza mistica come "annientare tutto ciò che è fatto in un pensiero verde in una tonalità verde".

[29] Loretta Fong, "Le ceneri di 11 defunti sparse nel primo funerale di mare", South China Morning Post, 8 aprile 2007, "National". Secondo questo articolo, le acque al largo di Tap Mun, Tung Lung Chau, il canale occidentale di Lamma, e I Fratelli (vicino a Lantau) sono stati designati dal governo per lo spargimento delle ceneri.

[30] Pubblicato la prima volta nella newsletter on-line della English Speaking Union (Hong Kong), 2007.

[31] Shanghai, dicembre 2006. Pubblicato la prima volta in Imprint 2009: l'Antologia annuale della società delle Women in Publishing Society, Hong Kong.

[32] Nord-est della Scozia, 15 aprile 2007 (dalle note prese qualche giorno prima). Pubblicata per la prima volta in Imprint 2009: l'Antologia annuale della società delle Women in Publishing Society, Hong Kong. Avevamo trascorso la notte del 22 agosto 1989 a Lybster (Portland Arms Hotel) e visitato le Camster Cairns, risalenti, si dice, circa al 2.000 aC, la 'collina di Stanes' (250 piccole pietre) e le 'Stanes in piedi'. Dettagli recuperati con riferimento a una serie di appunti di vacanza presi da Verner Bickley e dal mio catalogo di fotografie.
L'hotel aveva una nota foto di un gufo, molto simile al gufo che abbiamo visto, e questo è il modo in cui sappiamo che il nostro avvistameno era di una civetta capogrosso. Ci sono molte informazioni sul web su questo tipo di gufo, noto anche come 'Aegolius funereus', ad esempio, in una pagina compilata da Deane P. Lewis, 'OwlPages.com Gufo Specie ID: 230.010.000 - Pagina aggiornata 2005- ultimo 04-25 ', al seguente indirizzo: http://www.owlpages.com/owls.php?genus=Aegolius&species=f unereus

[33] L'artista di Patchwork, Valerie Rymarenko, ha detto alla scrivente che, quando sta lavorando su un pezzo di patchwork, esso stesso le dice quando è finito e anche quello che è il suo nome.

[34] Da Gerard Manley Hopkins, "Questo Jack, scherzo, povero coccio, pezza, schegge di legno, diamante immortale, / È diamante immortale." ('Che la natura è un fuoco eracliteo e del conforto della Risurrezione', ultimi due versi.)
Nota del traduttore: in inglese 'diamond' traduce la parola italiana 'rombo' (la figura geometrica) e anche 'diamante'.

SOME POETRY AND POETRY COLLECTIONS
Published by Proverse Hong Kong

Alphabet, by Andrew S. Guthrie. 2015.

Astra and Sebastian, by L.W. Illsley. 2011.

Bliss of Bewilderment, by Birgit Bunzel Linder. 2017.

The Burning Lake, by Jonathan Locke Hart. 2016.

Celestial Promise, by Hayley Ann Solomon. 2017.

Chasing light, by Patricia Glinton Meicholas. 2013.

China suite and other poems,
by Gillian Bickley. 2009.

Epochal Reckonings, by J.P. Linstroth, 2020.

For the record and other poems of Hong Kong,
by Gillian Bickley. 2003.

Frida Kahlo's cry and other poems,
by Laura Solomon. 2015.

Grandfather's Robin, by Gillian Bickley, 2020.

Heart to Heart: Poems, by Patty Ho. 2010.

Home, away, elsewhere,
by Vaughan Rapatahana. 2011.

Hong Kong Growing Pains, by Jon Ng. 2020.

Immortelle and bhandaaraa poems,
by Lelawattee Manoo-Rahming. 2011.

In vitro, by Laura Solomon. 2nd ed. 2014.

Irreverent poems for pretentious people,
by Henrik Hoeg. 2016.

The layers between (essays and poems),

by Celia Claase. 2015.

Of leaves & ashes, by Patty Ho. 2016.

Life Lines, by Shahilla Shariff. 2011.

Mingled voices: the international Proverse Poetry Prize anthology 2016, edited by Gillian and Verner Bickley. 2017.

Mingled voices 2: the international Proverse Poetry Prize anthology 2017, edited by Gillian and Verner Bickley. 2018.

Mingled voices 3: the international Proverse Poetry Prize anthology 2018, edited by Gillian and Verner Bickley. 2019.

Mingled voices 4: the international Proverse Poetry Prize anthology 2019, edited by Gillian and Verner Bickley. 2020.

Moving house and other poems from Hong Kong, by Gillian Bickley. 2005.

Over the Years: Selected Collected Poems, 1972-2015, by Gillian Bickley. 2017.

Painting the borrowed house: poems, by Kate Rogers. 2008.

Perceptions, by Gillian Bickley. 2012.

Poems from the Wilderness, by Jack Mayer, 2020. (*Scheduled.*)

Rain on the pacific coast, by Elbert Siu Ping Lee. 2013.

refrain, by Jason S. Polley. 2010.
Savage Charm, by Ahmed Elbeshlawy. 2019.

Shadow play, by James Norcliffe. 2012.

Shadows in deferment, by Birgit Bunzel Linder. 2013.

Shifting sands, by Deepa Vanjani. 2016.

Sightings: a collection of poetry, with an essay, 'communicating poems', by Gillian Bickley. 2007.

Smoked pearl: poems of Hong Kong and beyond,
by Akin Jeje (Akinsola Olufemi Jeje). 2010.

Of symbols misused, by Mary-Jane Newton. 2011.

The Hummingbird Sometimes Flies Backwards,
by D.J. Hamilton. 2019.

The Year of the Apparitions, by José Manuel Sevilla. 2020.

Unlocking, by Mary-Jane Newton. March 2014.

Violet, by Carolina Ilica. March 2019.

Wonder, lust & itchy feet, by Sally Dellow. 2011.

~~~

FIND OUT MORE ABOUT PROVERSE AUTHORS, BOOKS, EVENTS AND LITERARY PRIZES

website: http://www.proversepublishing.com
distributor's website: www.cup.cuhk.edu.hk
OR go directly to the Proverse section at:
https://cup.cuhk.edu.hk/index.php?route=product/category&path=59_68_171

twitter.com/Proversebooks
www.facebook.com/ProversePress
Facebook: @ProversePress

youtube channel:
https://www.youtube.com/channel/UCxMvyKOp7o4MWQvsIN0FdWQ

E-Newsletter
Send your subscription request to info@proversepublishing.com.

Ebooks
Most of our titles are available as Ebooks as well as paperback
~~~